L b 49
6/3

AF242871

LETTRES

A

M. LE COMTE DE ***,

PAIR DE FRANCE,

PENDANT LA CENSURE DE 1827 A 1828.

Par l'auteur de la *Politique de M. de Villele*;
des *Lettres au comte de ***, pair de France*, sur la septennalité;
sur les lois de réduction et de conversion des rentes,
de la *Note sur la situation de l'Espagne*, etc., etc., etc.

Dans la monarchie absolue, la force consiste à savoir se passer des institutions, dans la monarchie telle que l'ont faite le temps et la Charte, elle consiste à savoir marcher avec les institutions (*Page* 43)

PREMIÈRE LETTRE.

Avec un *Post-Scriptum* sur la mort de M. Canning.

BIBLIOTHEQUE ROYALE

PRIX : 1 FR. 25 C.

A PARIS,

CHEZ DENTU, IMPRIMEUR-LIBRAIRE,

RUE DU COLOMBIER, N° 21;

ET CHEZ LES PRINCIPAUX LIBRAIRES.

1827.

LETTRES

D'UN COMTE DE ***

PAIR DE FRANCE,

PENDANT LA CENSURE DE 1827 A 1828.

Les Lettres du comte de ***, pair de France, sur la spéculation,
sur les lois, la rédaction et la révocation des rentes,
de la ligne sur la situation de l'Espagne, etc., etc.

Dans la nouvelle absolue, la force conduit à savoir la
.... dans la mémoire celle que l'ont
fait la ...... et la Chine, elle .... majestue
avec le .... (Epig.)

PREMIÈRES LETTRES

Essai un Saint-Simonisme sur la mort de M. Canning.

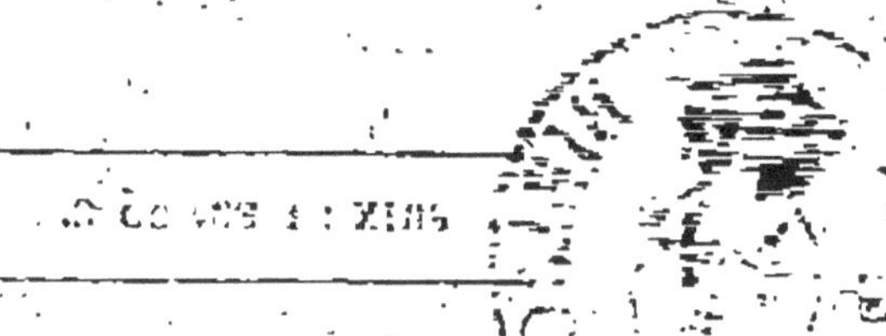

A PARIS,

CHEZ DELLOYE, IMPRIMEUR-LIBRAIRE,

LETTRE

A

M. LE COMTE DE ***,

PAIR DE FRANCE (1).

———◦◦◦———

Monsieur le comte,

A l'envisager isolément, le rétablissement de la censure est un évènement d'une médiocre importance. Si on le juge par les conséquences qu'il peut avoir, avec la prévision des actes dont on doit croire qu'il sera suivi, c'est un évènement immense. Il a ouvert une des routes, et peut-être la seule route qui désormais puisse conduire la France à une nouvelle révolution.

Avant d'expliquer à ce sujet toute ma pensée; avant d'interroger un avenir qui s'offre à nos

____

(1) Des circonstances particulières ont retardé la publication de cette Lettre, qui devait paraître dans les premiers jours de juillet.

regards sous un aspect redoutable, permettez-moi de bien constater la position où le ministère a volontairement placé le pouvoir royal, et de fixer d'une manière précise le point d'où il' est parti pour se précipiter en aveugle dans une carrière où il n'y a de sûreté pour personne, où il y a des périls pour tous.

Le rétablissement de la censure n'est pas, comme beaucoup de personnes le croient, la conséquence immédiate du retrait de la loi sur la liberté de la presse; il se lie étroitement à l'ordonnance de licenciement de la garde nationale : c'est là le point de départ.

Une partie du ministère, la moins noble et la moins sensée, a entrevu dans cette mesure extraordinaire, la possibilité de créer pour sa propre défense un système nouveau, au développement duquel la conservation de son existence politique serait dès lors attachée.

Aussitôt un mot a été prononcé par des ministres aux abois, il a été répété par cent voix débiles : c'est le mot *force;* le système repose tout entier sur ce mot. Mot plein d'imprudence, en raison de l'époque où il est prononcé et des hommes qui le prononcent; mot dangereux dans tous les temps, plus que jamais de nos jours, et dont le ministère actuel n'est pas en état d'ailleurs de comprendre le véritable sens, le seul qui soit actuellement susceptible d'une raisonnable et salutaire application.

Les faits qui précédèrent le licenciement, sans pouvoir en aucune façon justifier la conduite d'un petit nombre de sujets du roi, devaient amener la chute du ministère. La dignité royale était gravement compromise, elle l'était bien évidemment par le fait du ministère, et à cause de lui; il n'y avait pas moyen de s'y méprendre. L'idée d'un prochain renouvellement du conseil se présentait donc si naturellement, qu'elle fut adoptée par un grand nombre de personnes et par des hommes politiques assurément bien en état de juger une position.

« Le roi, disaient-ils, ne doit point, ne peut point renvoyer immédiatement ses ministres; mais leur éloignement, après la clôture de la session, est tout à fait présumable; il a pour garantie cette disposition si puissante qui porte, en général, les rois à ne point garder à leur service des hommes qui les ont publiquement commis. »

Je ne partageai pas cette opinion, noble comte. Habitué à observer avec une attention soutenue la marche de M. de Villèle, j'ai acquis la conviction la plus intime que ce ministre avait adopté une règle de conduite exclusivement destinée à le maintenir au pouvoir, et qu'il ne conseillait jamais à la couronne une mesure de quelque importance sans la rattacher à cette idée fixe, la seule qu'il soit incapable d'abandonner. Aussi, n'ai-je vu dans l'ordonnance du licenciement qu'une manœuvre ministérielle, dangereuse autant que déloyale, dont le résultat devait être de défendre momentanément M. de Villèle, aux risques et périls de la monarchie.

· L'évènement ne justifie que trop bien cette prévision : le ministère reste, malgré, que dis-je ! il reste à cause du licenciement; et par une conséquence inévitable, la censure est rétablie. Ne nous faisons pas illusion, ce n'est qu'un premier pas; d'autres actes suivront celui-ci. *Qui veut la fin, veut les moyens.* M. de Villèle veut demeurer ministre; et comme il est impossible qu'il soit ministre encore une année s'il respecte nos institutions, il faudra qu'il les attaque; c'est la condition de son existence; il les attaquera donc, ou il tombera.

Je juge ainsi sa position, et je suis persuadé qu'au moment où j'écris ceci, il ne la juge pas autrement que moi (1).

---

(1) M. de Villèle a songé sérieusement à la dissolution de la Chambre actuelle; la question a été discutée, et la

Il résulte de ces premières considérations, monsieur le comte, que le danger qui menace la monarchie n'est pas précisément dans la censure, mais bien dans les motifs secrets qui ont amené son rétablissement, et surtout dans les actes que le ministère ne manquera pas de présenter à la couronne comme étant une suite nécessaire du nouveau système dans lequel il vient de la faire entrer.

Voudrait-on soutenir que ces motifs secrets n'existent point; que ces desseins hostiles envers nos institutions sont de ma part une supposition gratuite; que la pensée du ministère ne va pas plus loin que la censure? Pour admettre cette dénégation, il faudrait supposer que la partie in-

---

solution différée jusqu'à ce que l'on ait reçu l'avis des préfets, qui avaient été consultés confidentiellement sur cet objet. Voici le résultat de cette espèce d'enquête électorale : Sur quatre-vingt-six préfets, *cinq* ont pris sur eux de promettre des élections ministérielles ; tous les autres, c'est-à-dire quatre-vingt-un préfets, ont déclaré qu'il fallait s'attendre à des nominations uniquement favorables aux deux oppositions, et que les colléges n'enverraient à la Chambre que des royalistes ou des libéraux.

Avec la perspective à peu près certaine d'un tel résultat, que pensez-vous que doive faire un ministre *qui ne veut pas se retirer?*

fluente du ministère a perdu tout à fait le jugement, et, ce qui serait moins croyable, qu'elle n'aurait plus même l'instinct de son intérêt personnel.

En effet, la liberté de la presse, ou plutôt l'opposition au ministère, était usée. Les journaux, parlant des ministres, n'avaient plus rien à dire à leurs lecteurs, dont ceux-ci ne fussent profondément pénétrés. Le ministère était jugé; ses actes, sa conduite et ses talens convenablement appréciés; il était condamné sans retour par la conscience publique; enfin, pour me servir d'une expression consacrée au palais, *la cause était entendue.* Les journaux le sentaient si bien, qu'à la fin de la dernière session, la plupart d'entre eux étaient assez embarrassés du parti qu'ils avaient à prendre, et du langage qu'ils devaient tenir jusqu'à la prochaine session, qui ne peut manquer d'amener de notables résultats.

Très-certainement le ministère avait pleine connaissance de cette situation singulière où se trouvait la presse périodique; il n'ignorait pas que la censure devait lui être beaucoup plus nuisible que profitable, puisqu'elle allait inévitablement accroître l'irritation des esprits, et susciter un nouveau motif, peut-être le plus puissant de tous, au mécontentement général. Le ministère savait tout cela, et cependant il impose la censure! Donc la censure se lie à un système conçu en haine de nos libertés; donc elle fait partie d'un complot que l'impuissance des ministres actuels à remplir les conditions du gouvernement représentatif, les avait portés depuis long-temps à méditer. Voulant le mettre à exécution, ils se cachent dans l'ombre, ils enchaînent la pensée, ils donnent des fers à cette opinion publique qu'ils ont blessée, et dont ils ne peuvent plus supporter le formidable murmure.

Et cependant ces malheureux ministres prétendent qu'ils sont entrés, et ont fait entrer avec eux la royauté dans une voie de salut! Arrivés au dernier terme de la décrépitude, discrédités dans leur propre parti, morts moralement, et ne possédant plus que le matériel du pouvoir (ce n'est rien aujourd'hui), ils disent qu'ils sont forts, et qu'ils vont faire de la force! C'est un dernier trait qui manquait à cette débile administration; c'est une dernière épreuve que la monarchie est appelée à subir. Mon opinion personnelle est que la monarchie subira cette dernière épreuve avec tous les périls qui y sont attachés. Elle n'en sortira pas triomphante, cela ne se peut; ses amis doivent se borner à désirer qu'elle en sorte conservant encore assez de vie pour pouvoir commencer une troisième restauration; car elle en est là, et il faut le lui dire : c'est le seul service que nous puissions lui rendre en ce moment. Notre voix, noble comte, ne sera pas écoutée, mais nous aurons rempli un devoir. Je ne sache rien qui soit plus propre à consoler un cœur généreux, qu'une pareille idée.

Cependant, ce fatal système trouve quelques apologistes. Je ne parle pas de ces mercenaires qui gagnent leur salaire en applaudissant à toutes les sottises de leurs maîtres; mais il en trouve encore parmi un petit nombre de royalistes honnêtes, dont l'erreur même me semble respectable, parce qu'elle ne prend pas sa source dans le vil sentiment d'un intérêt personnel. Leur erreur vient de ce qu'ils n'ont pas compris la véritable pensée du ministre dirigeant; de ce qu'ils ne voient pas le but qu'il s'est proposé d'atteindre; elle vient aussi de ce qu'ils ne se rendent pas bien compte de l'état actuel de la société; de ce qu'ils ne savent pas voir la France telle que l'ont faite quarante années de révolution, de malheurs et de gloire; elle vient surtout de ce qu'ils se méprennent complètement sur la nature des moyens dont la royauté pourrait faire usage pour remplir efficacement son auguste mission. Mais examinons de près cette erreur, en ce qui touche aux

actes les plus récens du ministère : le licenciement et la censure. Car si nous voulons nous-
mêmes comprendre quelque chose à ce qui se
passe actuellement, et surtout à ce qui se prépare, nous ne devons jamais séparer ces deux
actes.

Eh quoi ! s'écrient douloureusement ces royalistes, faut-il que la couronne fasse l'abandon de
son honneur, de son indépendance et de ses droits?
faut-il que la royauté perde ce caractère de majesté qui seule la rend imposante aux regards des
peuples? faut-il que le prince sacrifie sa dignité
personnelle? qu'il se jette dans les concessions;
qu'il fléchisse; qu'il cède aux exigences d'une
opinion publique qui, après tout, n'a point pour
elle la légalité, puisqu'il existe des pouvoirs politiques qui tiennent de la Charte la mission légale de représenter les opinions et de défendre
les intérêts de la société ?

Je n'affaiblis point, monsieur le comte, et peut-
être remarquerez-vous, au contraire, que je donne
au langage de quelques royalistes honorables toute
la force et toute l'autorité qu'il peut avoir. J'ai
présenté loyalement l'objection : voici ma ré-
ponse.

Je ne pense pas qu'il y ait quelque chose de
plus dangereux en politique qu'un principe es-

sentiellement vrai, mais faussement appliqué. Il n'y a peut-être personne qui soit moins disposé que moi à faire bon marché de la dignité royale. Je regarde sa conservation comme un des premiers besoins de la monarchie, je la regarde comme une des premières conditions de l'ordre social; persuadé que son avilissement aurait des résultats également funestes pour le trône et pour les sujets.

Nous sommes donc d'accord sur le principe; mais combien nous différons ici sur l'application!

Je pose d'abord cette règle, qui me paraît incontestable, qu'en matière de gouvernement, lorsqu'une faute a été commise, il y a de la sagesse et même de la dignité à savoir supporter les conséquences dont elle est immédiatement suivie. Je dis qu'il y a en pareil cas, dans le conseil de la couronne, beaucoup d'imprévoyance et de faiblesse à ne pas savoir s'arrêter sur le champ, et à exposer ainsi le pouvoir royal à la dure nécessité de reculer tôt ou tard devant ses propres actes.

Or, telle est maintenant la position du pouvoir royal : l'avenir, et un avenir peu éloigné, ne justifiera que trop bien mon opinion.

Dans les circonstances où l'on se trouvait, une revue de la garde nationale était une faute. Tout le monde le sentait. On pouvait d'avance prévoir deux résultats qui se sont en effet réalisés : d'abord, que l'immense majorité des gardes nationaux et de la population saluerait le monarque des plus loyales acclamations, accueillerait son auguste présence par d'éclatans témoignages d'amour, de respect et de reconnaissance; en second lieu, qu'une portion (toujours trop nombreuse assurément) des gardes nationaux et du public se livrerait à des manifestations d'opinion déplacées, inconvenantes, et qui seraient de nature à causer un vif déplaisir à Sa Majesté.

Les ministres ne pouvaient pas ignorer ces dispositions. Leur devoir, *s'ils avaient voulu le remplir,* les appelait donc à conseiller au roi d'*ajourner* la revue de la garde nationale. Cette décision n'eût surpris personne; je l'ai déjà dit, on en sentait généralement la convenance. Bien plus, généralement aussi on la désirait; une sorte de pressentiment dont il serait assez difficile de rendre compte, avertissait les hommes d'opinions diverses que cette solennité aurait quelques effets fâcheux que le ministère tenterait de faire servir à la défense de son intérêt personnel, au grand préjudice des intérêts du trône et du pays.

Cette idée était si bien admise, que les journaux indépendans (sans exception, l'on doit s'en rappeler) firent pendant plusieurs jours tout ce qui était en leur pouvoir pour prévenir ces manifestations insensées que l'on redoutait avec tant de raison, tandis qu'au contraire les feuilles à la solde du ministère semblaient les désirer et les appeler. Les efforts réunis de tous les journaux furent impuissans; j'en fais la remarque, comme une preuve de plus, si elle était nécessaire encore, à l'appui de cette importante vérité, que les journaux, non seulement ne font pas l'opinion, mais qu'ils ne la dirigent même pas, et qu'ils sont hors d'état de la maîtriser. Non, les journaux ne sont pas les maîtres de l'opinion, comme tant de niais se plaisent encore à le répéter; ils en sont les serviteurs, et quelquefois même les esclaves. En forçant les journaux à se taire, notre aveugle ministère croit faire quelque chose, et il ne fait rien; l'opinion publique reste après eux, comprimée il est vrai, mais d'autant plus émue.

Cependant, quelques-uns de ces royalistes dont j'ai déjà déclaré vouloir respecter les erreurs, me diront sans doute qu'ajourner la revue de la garde nationale eût été montrer de la faiblesse. Raisonnement étrange! Quoi! l'on aura montré la force du pouvoir royal en l'exposant sciemment à des offenses que l'on se croira ensuite obligé de punir collectivement, c'est-à-dire sans justice, et par conséquent sans véritable dignité! Quoi! l'on aurait fait preuve de faiblesse, parce que l'on aurait évité de commettre publiquement la majesté royale! parce que l'on aurait épargné à des sujets du roi l'occasion de se donner un tort grave! Ah! de telles objections ne méritent pas d'être discutées; elles sont indignes des royalistes, même les moins *forts;* il faut les laisser aux ministres et à leurs gens : elles ont dû merveilleusement servir à cacher leur coupable pensée.

Il est fort essentiel, monsieur le comte, que nos hommes d'État (je parle de ceux à venir) se pénètrent bien de cette idée : que le premier besoin du pouvoir royal consiste à ne jamais être imprudemment exposé. La nécessité, l'indispensable nécessité peut quelquefois l'obliger à se précipiter dans l'arène, à subir contre les passions populaires une lutte dans laquelle il est toujours en danger de perdre quelque chose; mais dans ces cas extrêmes, que notre forme de gouvernement devrait rendre impossibles, le pouvoir royal ne combat plus pour sa dignité; il combat pour sa vie; et cette circonstance donne à son action un caractère de grandeur qui lui manque totalement dans les occasions ordinaires.

Si, dans la monarchie proprement dite, il est déjà d'une extrême importance d'éviter soigneusement les occasions où la dignité royale pourrait se trouver compromise ; cette haute convenance se manifeste avec bien plus d'autorité dans la monarchie modifiée par des institutions, fondée sur un principe de liberté légale qui appelle si naturellement le public à intervenir dans les questions les plus délicates. La raison de ceci est tellement évidente, que je croirais insulter au bon sens de mes lecteurs si je m'attachais à la développer.

L'expérience d'ailleurs ne se présente-t-elle pas toute récente pour expliquer le principe ? En licenciant en masse la garde nationale, qu'a-t-on fait, je le demande, pour la réparation de la dignité royale offensée ? rien, absolument rien. Le pouvoir qui frappe tout le monde ne frappe personne. Ne pouvant ou n'osant pas faire saisir les véritables coupables, il trahit par-là le secret de sa faiblesse ou celui de son impuissance ; il donne par l'impunité un encouragement aux mauvais ; il afflige les bons et fidèles sujets, il les décourage ; et peut-être, par des rigueurs qui ne sont point motivées, il altère la pureté de leurs sentimens. Dans tous les cas, et sous le double rapport de la justice et de la politique, il offre un dangereux spectacle, il donne un fâcheux exemple.

Ces maximes, que je crois sages et dignes,

furent méconnues; M. de Villèle, qui savait apparemment aussi bien que tout le monde ce qui devait se passer, ne chercha point à dissuader le roi de passer la revue : on sait ce qu'il en advint. Dès ce moment, la conduite d'une partie du ministère prit, je n'hésite pas à le dire, un caractère de culpabilité bien prononcé.

S'il pouvait être jamais permis de mettre en regard la conduite d'un ministère, quel qu'il soit, avec la conduite personnelle du monarque; j'aimerais, monsieur le comte, à vous faire remarquer (toujours à l'occasion de cette journée) combien la royauté, lorsqu'elle est livrée à elle-même, sait trouver dans son propre fond les moyens de se faire respecter; combien un roi, et surtout un roi de France, est heureux à rencontrer les paroles qui conviennent à sa dignité méconnue. *Je suis venu ici pour recevoir des hommages, et non pour entendre des leçons,* dit le roi. Paroles admirables! langage vraiment royal! éclatante réparation que le roi se faisait soi-même et sur le champ, avec le sentiment le plus noble et le plus vrai de sa dignité! réparation qui suffisait pleinement, je le déclare avec la plus intime conviction, à tout ce que pouvait réclamer la position délicate où le monarque avait été si imprudemment engagé.

Aussi le roi, toujours livré à ses propres sentimens, n'éprouvait-il ni le besoin ni le désir d'aller plus avant. Et si j'osais pénétrer dans la pensée secrète de Sa Majesté, je dirais que personnellement elle se trouvait satisfaite. Vous n'ignorez pas d'ailleurs que le roi avait autorisé un illustre maréchal à préparer un *ordre du jour* dans lequel on aurait retrouvé, j'en suis certain, la pensée première du roi. C'était en effet la seule mesure qu'il convenait d'adopter après avoir fait la faute que j'ai signalée (1).

Mais cette satisfaction toute royale ne suffisait pas à quelques-uns des ministres du roi; elle ne suffisait pas à leur irritation, bien moins encore au besoin qu'ils avaient le malheur d'éprouver. M. le président du conseil est préoccupé, saisi d'une seule pensée : c'est que s'il n'obtient pas le licenciement, un mois après la session il n'est plus ministre, et je crois qu'il avait raison. Dès lors son parti est pris; il saura jusqu'à la fin le prendre pour le même objet. A l'issue d'un conciliabule auquel, assure-t-on, présidèrent l'emportement, et surtout la peur d'être précipité du

____

(1) Celle de passer la revue au moment où toutes les passions étaient émues par le retrait de la loi contre la liberté de la presse.

pouvoir, le chef du ministère se rend au palais, et pénètre dans l'appartement du roi. Le repos de Sa Majesté est troublé; aux sentimens que le prince n'avait pas cessé d'éprouver, on oppose cette fatale raison d'Etat, qui ne manque jamais à rien lorsque l'on a pris la résolution de l'appliquer à tout. Le ministre l'emporte : il n'y aura pas d'*ordre du jour;* il y aura une ordonnance de licenciement. Dans l'un et l'autre de ces deux actes, c'est bien toujours le roi; mais dans le premier, le roi eût été seul; dans le second, il est avec ses ministres : différence immense que M. de Villèle a trop bien aperçue. Il triomphe donc, et ses amis le félicitent à cette occasion (1). Il sort vainqueur d'une lutte qui devait presque immédiatement lui être funeste; il doit sa victoire à la perfide adresse avec laquelle il a su faire descendre dans la lice un auguste auxiliaire. Il est enfin parvenu à commettre le pouvoir royal : il sait qu'avec cela il a de quoi vivre encore pendant quelques mois; plus tard il s'a-

---

(1) Je suis personnellement sûr de ce fait. Le licenciement a été regardé par les amis de M. de Villèle comme une victoire qu'il remportait, et qui devait lui servir ultérieurement.

BIBLIOTHÈQUE NATIONALE R. F.

2

visera : la royauté n'est-elle pas toujours là pour subvenir à ses besoins.

C'est ainsi, noble pair, qu'il faut voir l'acte du licenciement ; on peut alors en apprécier l'importance. C'est ainsi qu'il aurait fallu le voir dans la Chambre des députés. Je ne m'en suis pas flatté un seul instant. Dans l'opposition royaliste, les opinions, et surtout les sensations, furent diverses. La question était délicate, il était facile de s'y tromper, et l'on s'y trompa. On ne sut pas d'abord d'où venait le licenciement ; on pensa que le roi, en se déterminant à cette mesure extraordinaire, avait dans sa pensée condamné son ministère. Dès lors le sentiment des plus hautes convenances commandait, disait-on, le silence aux royalistes. Ajoutez à cela l'excessive susceptibilité d'une majorité dont l'opposition de droite subit le joug plus qu'on ne le croit peut-être ; susceptibilité affectée, qui sert à déguiser les torts de certains hommes, et les motifs réels qui les font agir. Dans cette partie de la Chambre, monsieur le comte, on veut cumuler les honneurs du royalisme avec les profits du dévouement ministériel. Là, si l'on ne sait pas faire de la politique, on excelle du moins à faire du sentiment. On en fait depuis quatre ans pour le compte de M. de Villèle. Cela est fort heureux, sans doute, pour ce ministre. Mais la France, mais la royauté, comment s'en trouvent-t-elles?

Quant à l'opposition de gauche, sa propre nature la portait dans cette occasion, comme dans beaucoup d'autres, à se placer sur un mauvais terrain. Elle attaqua directement l'ordonnance royale, et parut un instant vouloir établir sur cette fragile base un acte d'accusation. Après s'être passablement avancée, elle fut obligée de reculer. M. de Villèle, qui d'ailleurs ne craint et ne craindra jamais que les royalistes, se moqua d'une menace aussi faiblement étayée. Il fit observer à ses adversaires que l'ordonnance était tout à fait légale, qu'au roi appartient incontestablement le droit de dissoudre toute force publique, quelle que soit sa forme, quel que soit son nom; et cela est parfaitement vrai.

Aussi, ne devait-on pas mettre en question la légalité de l'ordonnance; les droits sacrés, inviolables de la prérogative royale, demandaient à être proclamés, et placés sur le champ hors de toute discussion.

En général, l'opposition ne se pénètre pas assez de l'esprit du gouvernement représentatif, en ce qui touche à la responsabilité des ministres. Elle considère presque toujours les actes de ceux-ci d'une manière absolue; elle s'attache minutieusement au texte d'une ordonnance : c'est le moyen de faire d'une puissante garantie une déception, une véritable moquerie. C'est le moyen d'assurer l'impunité à de mauvais ministres; car on peut être certain que les moins capables, les plus mauvais sauront toujours se mettre à l'abri d'un prétexte quelconque de légalité. C'est sur la moralité des actes que des hommes publics devraient toujours porter leur attention. Les causes qui les produisent, les effets qu'ils doivent avoir, voilà ce qu'ils ont le droit et le devoir de soumettre à un examen consciencieux, mais sévère.

C'était surtout à l'occasion du licenciement qu'un tel mode d'investigation était bien nécessaire. C'était surtout à cet acte tout ministériel dans sa cause et dans ses effets que l'on devait appliquer ce système de responsabilité morale, hors duquel la responsabilité n'est qu'un mot vide de sens, une vaine théorie. Il fallait interpeller les ministres avec cette autorité qui ne manquera jamais aux hommes dont le cœur est généreux et la raison élevée. Il fallait fouiller au fond de ces consciences ministérielles, dont l'égoïsme et l'impéritie ont fait des consciences coupables : il fallait les forcer à mettre au jour les vrais motifs qui les avaient fait agir. Il fallait leur demander compte de leur pensée la plus intime : vainement auraient-ils voulu la taire; ce secret là n'est pas facile à garder; et lorsque la pensée est mauvaise, il échappe toujours involontairement.

Et que l'on ne me parle pas du succès que l'on n'aurait pas obtenu : en politique, comme en beaucoup d'autres matières, le succès n'est rien, le devoir est tout. Ici, le devoir et la politique demandaient également que l'on séparât ce que le ministère avait voulu réunir; que l'on fît voir dans l'acte du licenciement un intérêt minestériel tout à fait distinct, et totalement opposé aux intérêts de la royauté. Ils demandaient que l'on rompît sur le champ, en la signalant, l'alliance fatale que le ministère venait de faire contracter à la couronne, et qu'il vient de resserrer par la censure.

Peut-on, en effet, monsieur le comte, se méprendre sur la pensée du ministre dirigeant? peut-on ne pas s'apercevoir qu'il avait d'avance et froidement calculé le parti qu'il pourrait tirer de la conduite indécente d'une partie de la population? Lorsqu'un acte profite à un homme, et ne profite qu'à lui seul, n'est-il pas selon les règles de la justice de dire à cet homme : *Cet acte est à vous, il vous appartient?*

Pour moi, j'ai cette conviction que M. de Villèle, semant à la fin d'une session accablante pour le ministère, qu'il avait besoin d'une sorte de crise pour se maintenir au pouvoir, désirait celle-ci, et qu'il la vit venir avec le dessein arrêté de s'en servir. En un mot, je crois qu'il y avait de la part de la minorité du conseil, ce que l'on appelle vulgairement *un coup de monté.*

Mais enfin, quel était donc le but du premier ministre? Pour répondre plus vîte et plus clairement à cette question, il faut y joindre celle-ci: Quelle était au juste la position du premier ministre et de ses suivans? Le voici.

Une lutte existe depuis près de quatre ans. Assez faible d'abord, mais constamment progressive, en raison des fautes multipliées du ministère, elle est actuellement vive, opiniâtre; elle peut, elle doit le devenir encore davantage. Selon tous les principes et toutes les convenances, la lutte ne pouvait exister qu'entre la société et le ministère. Elle n'était que là en effet. Au fond, et je m'empressé de le dire, elle ne saurait aller plus loin. Mais pour le ministère, il s'agissait de mettre les apparences à la place de la réalité; il s'agissait de confondre deux choses qui, dans l'ordre politique, ne devraient jamais se toucher: la couronne et le conseil de la couronne. L'occasion s'en présenta au Champ-de-Mars, et le ministère ne crut pas devoir la laisser échapper.

Dans le nombre des personnes qui poussaient de folles clameurs, il n'y en avait peut-être pas une seule qui eût, je ne dirai pas la pensée d'insulter le pouvoir royal, mais seulement celle de causer du déplaisir au roi personnellement. A la vérité, il n'y avait là que le roi ; mais, par une étrange préoccupation des passions, on n'y vit que les ministres. Eh bien, il y aurait eu beaucoup de sagesse et d'habileté à entrer dans cette disposition des esprits, et à se refuser à voir, dans ces bruyantes manifestations, autre chose que ce que le public avait eu l'intention d'y mettre. Un ministre loyal n'eût pas donné un conseil différent : mais je conviens que ce conseil, si favorable aux intérêts de la royauté, était tout à fait opposé aux intérêts du ministère, qui restait ainsi seul sur la brèche.

Par le licenciement, au contraire, le ministre associait la fortune de la monarchie à sa triste fortune ; il faisait de sa propre cause celle de la royauté. Le pouvoir royal intervenait directement dans la lutte, *chose grave qu'il n'avait pas faite jusqu'alors.* Il prenait parti, prononçait entre le ministère et l'opinion publique, et paraissant justifier le premier, il condamnait l'autre.

Ce premier pas fait, il était facile à M. de Villèle d'obtenir que l'on en fît un second ; et la censure a été rétablie. Il appliquait faussement ainsi, mais enfin il appliquait un principe parfaitement vrai : c'est que, lorsqu'on a adopté un système, on doit le suivre. Or, il fallait à M. de Villèle, à la fin de la session, une apparence de système à l'aide duquel il pût donner à entendre à la couronne qu'il avait des ressources, et qu'il pouvait encore sortir heureusement d'une position qui, dans la réalité, a cessé d'être tenable.

Si ces considérations, monsieur le comte, ne vous paraissent pas dépourvues de justesse, vous ne penserez pas que je leur aie donné trop de développement. Vous remarquerez que ce n'est point de l'acte du licenciement, vu isolément, que j'ai voulu m'occuper : les vrais motifs qui ont amené une partie du ministère à le *provoquer*, et plus encore les conséquences que les mêmes hommes peuvent en faire sortir, voilà ce qui m'a frappé, et ce que j'ai désiré rendre frappant.

Je le résume en ce peu de mots : M. de Villèle est parti du licenciement pour arriver à la censure, et de là il ira ou essaiera d'aller à d'autres actes. Si l'on me répétait que je me trompe sur les intentions que j'attribue à ce ministre, je répondrais qu'il n'y a point d'expression pour qualifier la faute qu'il a faite en proposant le rétablissement de la censure. Mais je ne crois point, et surtout je crains bien de ne me pas tromper.

Cependant, noble comte, les motifs sur lesquels je fonde l'ordonnance de licenciement et celle de censure supposent, chez le ministre qui a provoqué ces deux actes, une soif ardente du pouvoir, une immense ambition. M. de Villèle est-il donc en effet aussi avide de pouvoir, est-il au fond aussi démesurément ambitieux que je le représente ? La justice, et peut-être aussi un intérêt politique assez légitime, veulent que je m'arrête au moins un moment à cette question, qui, il faut le dire, se présente d'ailleurs bien naturellement.

Une seule cause peut expliquer, selon moi, l'existence politique de M. de Villèle, existence que l'on doit trouver prodigieusement longue, si l'on en juge par les fautes sans nombre qu'il a commises, par l'incapacité qu'il a constamment montrée dans les grandes affaires, enfin en raison de l'absence totale de succès obtenus par lui. Cette cause tient au caractère particulier de M. de Villèle, qui lui offre les moyens de paraître aux yeux du roi ce qu'il n'est point réellement, et de porter ce déguisement à un tel degré d'illusion, qu'il était peut-être impossible à Sa Majesté de ne pas s'y laisser surprendre. Ajoutons que les bons rois sont les plus exposés à être trompés par

leurs ministres; un cœur généreux, une conscience droite ne veulent pas croire à l'astuce. J'ai
toujours pensé que notre roi jugeait d'après soi
son premier ministre : il me semble que peu
d'hommes mériteraient un tel honneur : quant à
M. de Villèle, je le dirai dans la sincérité de
mon âme, il n'y avait aucun titre. Ce n'est pas
que je veuille révoquer en doute la pureté de ses
intentions premières; il voulait, j'en suis très-
persuadé, servir la royauté; mais lorsque, par
une suite inévitable de ses fautes, les intérêts de
la royauté et ceux de sa conservation personnelle se sont trouvés en présence, il a trop facti-
lement subordonné, je devrais dire sacrifié, les
premiers aux seconds.

Car enfin, je n'admettrai jamais qu'un homme
puisse échapper totalement à sa conscience. M. de
Villèle doit s'apercevoir qu'après avoir été d'a-
bord un embarras pour la monarchie, il est de-
venu un danger. Il est obligé de s'avouer qu'il
nuit à la maison de Bourbon; il lui nuit, dis-je,
par son impuissance à la servir; il lui nuit à
cause des sentimens qu'il inspire à l'immense
majorité des sujets du roi; il lui nuit parce qu'a-
près avoir sensiblement affaibli la popularité dont
elle jouissait, il peut finir par compromettre sa
sécurité. Le dévouement dont se prévaut en ce

moment M. de Villèle, fût-il réel et désintéressé, n'a rien de méritoire aux yeux des hommes éclairés, parce qu'un dévouement stérile, un dévouement qui ne peut rien, est pour la couronne un pesant fardeau.

M. de Villèle, en se retirant franchement, et non pas en offrant de se retirer lorsqu'il était certain que sa proposition ne serait pas acceptée, aurait rendu au roi un signalé service. Il ne l'a pas fait, et je crois qu'il ne le fera jamais. Il continuera jusqu'au bout à exploiter les avantages de sa position près du prince : ils sont assez grands, il ne faut pas se le dissimuler. M. de Villèle n'est pas un homme habile, mais il en a l'apparence; ce n'est pas un homme d'Etat, mais il a un faux air de l'homme d'Etat. Il est d'ailleurs entouré de collègues aussi médiocres que lui, et qui, de plus, ont un grand intérêt à ne pas signaler devant le roi les vices de ses moyens de gouvernement, parce qu'ils affaibliraient par-là, dans l'esprit de Sa Majesté, le crédit d'un chef qui tient leurs destinées enchaînées à la sienne. Et vous remarquerez à cette occasion, monsieur le comte, quel inconvénient grave a pour le roi la tactique constante de M. de Villèle à écarter du conseil les capacités reconnues, les hommes de tête et de cœur, et surtout ceux qui, ayant une existence politique à eux, indépendante de la sienne, ne seraient pas arrêtés par la considération toujours mauvaise de l'intérêt personnel. Depuis qu'il est au pouvoir, M. le président du conseil s'est débarrassé successivement de MM. de Montmorenci, de Bellune, de Chateaubriand, de Doudeauville. Il me semble qu'il est bien permis de dire que les supériorités intellectuelles et les hautes positions sociales le gênent également, lui inspirent un égal effroi.

Quant à son ambition (assez prouvée peut-être par une ténacité qui depuis long-temps n'a rien d'honorable), c'est un point qui ne se démontre pas par le raisonnement, mais qui peut très-bien être éclairci par des faits. En voici deux dont je crois pouvoir vous garantir l'exactitude.

Peu de temps après son entrée au ministère, un homme politique qui était et est encore dans la Chambre des députés, essayait de faire comprendre à M. de Villèle les dangers auxquels il s'exposait en arrivant isolément au pouvoir, à l'exclusion des hommes distingués qui l'y avaient fait parvenir, et qui seuls pouvaient peut-être l'y maintenir honorablement. Les objections étaient pressantes, elles allaient au fond des choses. M. de Villèle écoute d'abord assez tranquillement un langage qu'il savait être celui d'un ami. Mais l'idée des obstacles qu'il pourrait rencontrer faisant bientôt naître en lui une sensation violente, et n'ayant d'ailleurs rien de solide à répondre, il saisit les deux devants de son habit, et fixant son ami avec une émotion bien prononcée : « Vous « voyez, lui dit-il, cet habit (c'était celui de mi- « nistre); eh bien! on ne me l'arrachera qu'en « lambeaux! » M. de Villèle tient bien parole. Mais que pensez-vous de sa modération, de son détachement du pouvoir?

Autre fait, mais beaucoup plus grave.

Vous avez été frappé, comme tout le monde, de l'état déplorable où se trouvait le ministère vers le milieu de la dernière session. Ses amis les plus dévoués, c'est-à-dire les plus fortement intéressés à sa conservation, disaient que c'était fait de lui, qu'il ne survivrait pas à cette dernière épreuve. Effrayé de ces symptômes d'une fin prochaine, M. de Villèle voulut pressentir les dispositions personnelles du roi à ce sujet, ou plutôt il voulut, par une manœuvre adroite, accroître les difficultés qui, selon lui, rendent impossible la formation d'un nouveau ministère (1).

----

(1) Pour le dire en passant, ces difficultés ne sont rien, et disparaîtraient le jour où elles seraient franchement exposées par un serviteur loyal; car les exposer ainsi serait

En conséquence, il aborde avec une indifférence apparente et cet air de bonhomie qui lui est propre, la question si redoutable pour lui d'un changement de ministère. Il donne à entendre à Sa Majesté que la nécessité de ce changement peut se présenter d'un moment à l'autre, et qu'il est de son devoir d'indiquer au roi les moyens de l'opérer. Alors il fait les choses largement ; au lieu d'un ministère, il en désigne trois. Pour donner plus de latitude au choix de Sa Majesté, il indique trois combinaisons différentes, représentées chacune par un nom propre. Mais dans ces trois combinaisons différentes, il n'y en a pas une qui soit praticable, pas une que le roi, pour des motifs divers, ne soit également disposé à écarter. L'adroit ministre le savait mieux que personne ; et sachant aussi quelle est la combinaison simple, facile dont l'esprit juste et droit du roi ne pourrait manquer d'être frappé, il se gardait bien de la présenter. Cependant il se donnait le mérite d'une complète abnégation de soi-même, il faisait preuve de dévouement, il accomplissait avec le plus louable désintéressement un devoir sacré. Est-ce sa faute, après tout, si ce

---

déjà les avoir aplanies. Je traiterai ce sujet dans un prochain écrit.

petit royaume de France n'est pas en état de
fournir à la couronne des hommes qui puissent
le remplacer ?

Voilà, noble comte, la loyauté, la franchise
de M. de Villèle : je vous laisse le soin de les
apprécier.

Ce n'est pas sans répugnance que je me suis
livré à cette courte digression, toute personnelle
à M. le président du conseil. C'est, je le sais,
dans l'exposé des doctrines, dans la défense des
principes, qu'un écrivain politique doit prendre
ses démonstrations et puiser ses moyens de conviction. Cependant, comme l'existence de M. de
Villèle est depuis long-temps complètement en
dehors des principes et des doctrines, et qu'elle
ne repose même sur aucune véritable considération politique, c'est une nécessité de l'expliquer
par des traits de caractère, afin que l'on puisse
au moins s'en rendre compte, et savoir à quoi
elle tient. Je reviens à la censure.

Les moyens employés pour l'obtenir ne sont
un secret pour personne. On s'est armé d'un spé-
cieux prétexte ; on a mis en avant un motif respectable ; on a fait parler un intérêt que le roi et
tous les honnêtes gens de son royaume considè-
reront toujours comme un intérêt sacré, lorsqu'il se présentera pur et dégagé des conditions

d'une dangereuse alliance. Vous voyez que je veux parler des intérêts de la religion. Ces intérêts, a-t-on dit au roi, sont menacés par la licence des journaux. Mais l'on s'est bien gardé d'ajouter que la censure ferait beaucoup plus de tort à la religion, à cause de l'impression qu'elle produirait sur les esprits, que cette licence, qui s'usait, et dont les tribunaux se montraient d'ailleurs assez disposés à faire une sévère justice.

Une vérité si importante ne pouvait pas échapper à M. de Chateaubriand; il l'a développée dans son dernier écrit, avec cette puissance de raison et de style qui caractérisent son immense talent. Bien que les écrits de M. de Chateaubriand soient dans les mains de tout le monde, je ne puis refuser au mien l'avantage de reproduire ces réflexions fortes et vraies de votre illustre collègue :

« Il n'y a jamais, selon nous, dit-il, une rai-
« son suffisante de suspendre la liberté : celle-ci
« est plus forte que la servitude pour écarter les
« dangers d'un Etat.

« Mais il ne s'agit pas de tout cela, dira-t-on;
« c'est pour sauver la religion que l'on a imposé
« la censure; c'est pour se délivrer des impiétés
« des journaux; la censure, dans le cas présent,
« est une pure affaire de conscience.

« D'abord, il faudrait être fixé sur ce mot de
« *religion;* savoir si ceux qui l'emploient ne con-
« fondent pas les choses terrestres avec les choses
« divines, ne cachent pas les intérêts de l'homme
« dans les intérêts du Ciel. Aucun doute que si
« la religion est véritablement attaquée, il ne
« faille la défendre à tout risque et à tout prix;
« mais nous nions la majeure, et nous disons en-
« suite : Les tribunaux sont là pour punir les ou-
« trages au culte; les peines sont *sévères;* elles
« n'ont jamais manqué d'être appliquées, quand
« le délit a été prouvé. Cette manière de toujours
« raisonner comme s'il n'existait pas de justice,
« comme s'il n'y avait pas de magistrats, comme
« si l'on n'avait d'autre défense que l'arbitraire,
« montre à quel point la raison est détériorée
« chez les hommes dont nous subissons le sys-
« tème.

« En second lieu, si vous ne cherchez à dé-
« fendre que la religion, votre censure ne s'exerce
« sans doute que sur les articles irréligieux, que
« sur les journaux *impies :* or, elle frappe égale-
« ment tous les genres d'articles et toutes les es-
« pèces de journaux. Expliquez-nous donc cette
« *affaire de conscience* (1).

---

(1) Combien un rapide examen des articles refusés par

« Enfin, vous prétendez soutenir la religion
« par la censure, et vous lui faites un tort irré-
« parable. Aujourd'hui on accuse publiquement
« les ecclésiastiques d'être la première cause de
« la perte de notre première liberté ; on les rend
« responsables de tout ce qui peut arriver à la
« Charte ; on accumule sur leurs têtes des haines
« d'autant plus dangereuses qu'elles semblent ap-
« puyées sur un fait réel, et non sur des décla-
« mations vaines. Qu'est-ce que quelques articles
« de journaux qui n'allaient point au fond de la
« question, quelques mots sur les missionnaires
« et sur les jésuites, auprès d'une accusation ca-
« lomnieuse sans doute, mais généralement crue,
« laquelle représente le clergé catholique comme
« incompatible avec l'existence d'un gouverne-
« ment constitutionnel ? Voilà pourtant où votre
« censure a amené les choses. Vous vous réjouis-
« sez parce que rien n'éclate encore ; attendez :
« les générations vont vîte. Souvenez-vous que si
« jamais les autels étaient brisés de nouveau, les
« ennemis des libertés publiques seraient les vé-
« ritables auteurs de la catastrophe. »

Voilà ce que la censure aura fait pour la reli-

---

la censure rendrait frappante cette observation de M. de
Chateaubriand !

gion. Mais la monarchie (en supposant que l'on puisse séparer ses intérêts de ceux de la religion), le monarchie au moins échappera-t-elle aux atteintes de la censure?

Qu'on ne s'en flatte pas : le rétablissement de la censure est un dangereux coup porté à la monarchie. Cela, pour deux raisons principales. D'abord, des mesures de ce genre sont toujours mauvaises lorsqu'elles ne sont pas rigoureusement nécessaires, et il est de sensation générale que la censure n'est justifiée par aucune raison politique; en second lieu, l'idée admise par tout le monde, que la censure cache cette année des intentions hostiles à nos institutions, doit faire un mal extrême à la maison royale.

Il serait grave encore, alors que ces intentions présumées ne se réaliseraient pas : la confiance en serait pour long-temps ébranlée. Osons aller au fond des choses; disons-le comme une de ces vérités qu'il est dangereux d'exposer, mais qu'il serait plus dangereux encore de vouloir cacher, parce que tôt ou tard l'on se verrait surpris par les évènemens : une atteinte aussi grave portée dans les circonstances actuelles à la liberté de la presse, va droit à la monarchie; elle peut en être frappée au cœur, et voici comment :

Des institutions, des libertés publiques, en un

mot des garanties ont été données librement à la France par son roi, au moment où, aux acclamations de cette même France, il remontait sur le trône de ses pères. Elles ont été reconnues, confirmées, jurées par son auguste successeur.

La France les a reçues avec reconnaissance; elle en sent le prix (le ministère actuel n'a pas peu contribué à le lui faire sentir); elle les chérit, elle y tient; elle a le droit d'y tenir, et ce droit lui vient de ses rois.

Maintenant, si l'esprit public venait à se pénétrer de cette idée, que l'on ne *sait* pas gouverner avec les institutions octroyées et reçues, cela serait fâcheux, très-fâcheux.

Mais si cette première idée était remplacée par cette autre, que l'on ne *veut* pas gouverner avec les institutions, cela serait déplorable.....

La monarchie servie par M. de Villèle n'en était encore qu'à la première moitié du chemin : ce ministre a-t-il le dessein de lui faire faire la seconde ? La censure donne lieu de le soupçonner, et je signale ce soupçon comme étant à lui seul une circonstance infiniment plus grave que toutes celles que l'on a pu présenter à Sa Majesté, afin d'obtenir son assentiment au rétablissement de la censure.

Les réflexions que j'ai dû faire en exposant les

motifs réels du licenciement, s'appliquent en grande partie à la restauration de la censure : c'est la même pensée, c'est le même but. S'identifier à la royauté, isoler, autant que cela était en leur pouvoir, le monarque de ses sujets, se placer entre le prince et les peuples, voilà ce que voulaient quelques membres du ministère.

Ils voulaient par-dessus tout, annuler, effacer un acte royal, dont le souvenir toujours vivant servait admirablement la royauté, mais était par cela même singulièrement à charge au ministère. Le roi, en montant sur le trône, avait aboli la censure : cette mesure si sage, si politique avait produit le splus heureux effets; elle avait servi les intérêts du nouveau roi, à ce point que je n'hésite pas à dire que le pouvoir royal devait à cet heureux acte l'avantage d'avoir conservé intacte, malgré les fautes multipliées du ministère, la grande popularité dont il jouissait, et de n'avoir rien perdu de la confiance qu'il inspirait.

Les ministres, disait-on, inhabiles à manier le gouvernement représentatif, hors d'état de se soutenir plus long-temps en présence de l'opinion publique, ont pris en haine la première des libertés légales que la Charte a fondées; ils ne veulent point la liberté de la presse. Mais le roi, qui n'a rien à craindre de la libre manifestation des sentimens qu'il inspire à ses loyaux sujets, le roi est personnellement opposé sur ce point au projet de ses ministres, le roi veut la liberté de la presse, et la preuve, nous la trouvons dans l'abolition spontanée de la censure à l'avènement de Sa Majesté.

« Vous vous trompez, s'écrie, M. de Villèle ; la conclusion que vous voulez tirer d'une première abolition de la censure est *actuellement* dépourvue de justesse ; et la preuve, la voici. » En même temps il déroule l'ordonnance de censure du 24 juin 1827. Il n'y a rien à répondre à cela, monsieur le comte ; il faut se taire et baisser les yeux. La seconde ordonnance semble entraîner trop naturellement la ruine de la première, et rendre stérile tout le bien qu'elle avait produit.

C'est dans cet esprit que la nouvelle censure a été conçue. Jugez de l'impression qu'elle doit produire, des résultats qu'elle peut amener.

A cela, les gens du ministère répondront par des phrases toutes faites : ils feront sonner bien haut les mots de *responsabilité des ministres, d'inviolabilité du monarque.*

Donnons à ces paroles leur véritable sens. Mais d'abord, ne prononçons plus le mot de *responsabilité des ministres,* si nous ne voulons pas passer pour des dupes ou pour des fripons politiques.

Quant à l'inviolabilité du monarque, c'est une autre affaire : elle existe, et ne peut jamais cesser d'exister ; notre cœur et notre raison la reçoivent ; c'est un principe fondamental, c'est un dogme sacré : malheur à qui voudrait en méconnaître l'autorité !

Et cependant, noble pair, à côté du principe, et sans toucher au dogme politique, l'on rencontre une vérité pratique qu'il faut bien aussi reconnaître : elle dure depuis qu'il y a des rois, des peuples et des ministres ; la taire, serait montrer bien de la faiblesse ; je crois même que ce serait se faire une idée peu juste et peu digne des respects que l'on doit à son roi.

Pour rendre cette vérité plus palpable, je la renfermerai dans les deux questions suivantes, que je ne craindrai pas de soumettre aux amis mêmes du ministère.

Dans tous les temps, dans tous les pays, quelles que soient d'ailleurs les formes de la monarchie : la popularité du prince, celle de sa maison ; la force du pouvoir royal, la confiance que les peuples mettent en lui ; croissent-elles en raison des actes qui sont réputés nécessaires, utiles, favorables aux intérêts divers, à la gloire, à la prospérité du pays ?

Des actes d'une nature toute différente doivent-ils atténuer ces avantages qu'il est toujours désirable de voir le pouvoir royal acquérir et conserver ?

Il me semble que ces questions ne peuvent pas être l'objet d'une difficulté sérieuse. Passons donc, sans nous arrêter, à une application directe de ces vieilles vérités.

L'abolition de la censure a-t-elle été un acte hautement favorable au pouvoir royal? Cet acte a-t-il profité à Charles X? Qui oserait le nier!

Le rétablissement de la censure, ayant pour effet d'annuler ce premier acte, doit-il nuire au roi? Quel homme sensé voudrait répondre négativement!

Enfin, lorsque des ministres, soit par impéritie, soit dans la vue d'un intérêt personnel, ont osé effacer un acte tout à fait favorable à la royauté, pour lui en substituer un autre tout à fait contraire, faut-il que les royalistes dont le dévouement est sincère disent que les ministres sont excusables? ou bien doivent-ils simplement se taire, attendre en silence avec cette impassibilité qui semble n'appartenir qu'à l'indifférence, qu'une crise, une catastrophe viennent démontrer avec une terrible évidence que le roi était mal servi, qu'il avait de mauvais ministres?

Mais cette question de censure est si grave qu'elle demande à être envisagée sous plus d'un aspect : il faut, surtout, ne pas prendre le change sur les conséquences immédiates de l'ordonnance du 24 juin dernier.

Par le fait seul de l'ordonnance du 24 juin, le gouvernement, monsieur le comte, est entré dans cette dangereuse voie de concession que les ministres prétendent avoir voulu éviter.

Je n'espère pas me faire entendre des hommes qui se souviennent mal de l'ancien régime, ne comprennent rien au nouveau, et confondent sans cesse, avec une inconcevable maladresse, des époques et des formes de gouvernement essentillement différentes.

Une obéissance passive, un continuel silence caractérisent la monarchie absolue (1); ils en sont la fin et les moyens.

Une obéissance raisonnée, consentie, fondée

____

(1) Quelques personnes s'appliquent encore à démontrer que le gouvernement, sous *l'ancien régime*, n'était pas une monarchie absolue. Elles auraient raison si elles séparaient le droit du fait : en droit, la monarchie française ne devait pas être une monarchie absolue; mais elle l'était devenue par le fait, et cela depuis plus long-temps qu'on ne le croit communément. Les résistances ne se trouvaient plus dans les institutions, mais se rencontraient

sur une conviction à peu près générale, et par-dessus tout la publicité, appartiennent à la monarchie modifiée par des institutions. Transportez des conditions si distinctes, de l'un à l'autre de ces deux gouvernemens, et bientôt vous verrez le trouble et les périls se manifester. La monarchie pure sera menacée par l'invasion d'une liberté qu'elle ne comporte pas; la monarchie selon la Charte sera en danger, parce que complètement organisée pour la libre expression de la pensée publique, l'oppression de cette liberté lui fait mal.

Dans l'un et l'autre gouvernement, les ministres du prince feront des fautes; mais les moyens de les réparer se ressemblent aussi peu que ces deux modes de gouvernement se ressemblent entre eux.

L'intervention exclusive de la force matérielle pour porter remède aux fautes du pouvoir, est une nécessité de la monarchie absolue. Le plus souvent cette intervention réussit, parce que les peuples sont accoutumés à la subir, et que d'ailleurs elle tire une sorte de légalité de la nature même du gouvernement. Lorsque la

---

dans les mœurs; et les monarchies le plus évidemment absolues en sont toutes là.

force a ainsi rempli sa destination, tout est fini, le pouvoir n'a plus rien devant lui qui lui fasse obstacle; les choses vont bien, parce qu'elles vont comme elles doivent aller; le mal était passager, il était local; le remède approprié au mal lui a été appliqué, et dès lors il a disparu *complète-ment.* (Condition essentielle!) Tout rentre dans l'ordre, c'est-à-dire dans le silence, et les règles de la monarchie absolue ne sont pas faussées.

Peut-il en être de même aujourd'hui, noble pair, alors que les temps et les formes de gouvernement ont totalement changé? Peut-on sérieusement penser à conduire avec les moyens d'une société, d'une monarchie qui ne sont plus les mêmes, une société, une monarchie moralement et politiquement constituées d'une manière toute différente? Et si l'on veut entrer dans le vrai, si l'on veut enfin se rendre compte de ce mot *force* dont on abuse en ce moment avec tant de faiblesse et de témérité, peut-on se refuser à admettre cette maxime que je soumets à la raison de tout le monde: *Dans la monarchie absolue, la force consiste à savoir se passer des institutions : dans la monarchie telle que l'ont faite le temps et la Charte, elle consiste à savoir marcher avec les institutions.*

L'oubli, ou, ce qui serait pis, le mépris de

cette règle conduirait à l'abîme, et d'autant plus vîte, que l'on mettrait plus d'ardeur à saper les institutions.

Vous en sentez la raison. Ces institutions se lient étroitement; elles tiennent fortement l'une à l'autre : déposées dans une Charte écrite, elles forment un code politique à peu près complet; elles offrent un ensemble de garanties, de libertés publiques qu'il faut respecter toutes, ou violer toutes à la fois : c'est une machine dont on ne pourrait pas ôter un rouage impunément. Ne touchez donc pas à la machine, ou bien osez la briser!

Toute la question est là, monsieur le comte. Si je voyais un ministre proposer au roi d'abolir, d'un seul coup la Charte, je dirais : Voilà un homme qui va perdre la monarchie, bouleverser la société. Mais je ne pourrais m'empêcher d'ajouter : Cet homme au moins est conséquent; il se rend compte de l'*opération* (1) qu'il veut tenter. Il sent bien que lorsque l'on se prend à un pareil ennemi il faut le tuer sur le champ. Aussi ne propose-t-il point de fausser la Charte, d'en

---

(1) Expression de M. de Villèle en parlant du licenciement. Les hommes chez qui il y a du grand, agrandissent tout, les petits hommes abaissent tout à leur niveau.

altérer l'esprit, d'en supprimer quelques parties. La Charte, se dit-il, est à prendre ou à laisser, et il a raison. Il la laisse donc, il l'abat; et pour peu qu'il ait six cent mille hommes à faire camper sur cette ruine immense, il peut vivre comme cela au moins pendant six mois, c'est-à-dire pendant tout le temps qu'il n'aura pas d'argent à demander à la société.

Ce qui me fait peur et pitié dans la conduite du ministère, c'est de le voir se débattre en aveugle au milieu des impossibilités qu'il s'est créées; c'est de voir sa profonde inaptitude à comprendre, je ne dirai pas seulement la France et son gouvernement, mais à se comprendre soi-même. Il ne sait pas où il va; et avec une telle ignorance, il peut aller assez loin pour mettre tout en péril.

Il vient d'entrer dans un cercle fatal : poursuivi par les souvenirs du passé, embarrassé du présent, menacé par l'avenir, il faut qu'il avance ou qu'il recule. Point de parti mitoyen, point de position intermédiaire. Il a imposé la censure; prise isolément, elle ne lui servira de rien; au contraire, elle n'aura fait qu'empirer sa situation. Il attaquera, me dira-t-on, l'un des grands pouvoirs de la société; il faussera l'institution de la pairie, en brisant la majorité de la Chambre héréditaire. Ce serait là sans doute un coup funeste, et la conscience publique en serait vivement émue : mais que gagnerait-il à cette violence ? Ne voyez-vous pas qu'il n'a rien fait s'il ne va pas jusqu'au bout, s'il ne va pas jusqu'à empêcher le renouvellement de la Chambre élective. C'est là où tout vient aboutir. On se trompe lorsqu'on avance que la liberté de la presse est la clef du gouvernement représentatif : la véritable clef, c'est celle du trésor, car c'est le public qui la tient. Tout le monde sent cela, *et c'est pour cette raison, monsieur le comte, que tout est tranquille.* Otez ce puissant motif de sécurité, arrachez des esprits cette foi encore entière qu'ils ont dans la puissante garantie d'une inévitable convocation des colléges ; dites que cette nécessité va être éludée, éludez - la en effet, et vous ne pouvez plus répondre de rien ; le gouvernement voit se fermer momentanément pour lui les sources de la vie. La suspension du paiement de l'impôt suit immédiatement la violation flagrante de la loi fondamentale de l'Etat : espèce de résistance passive à laquelle il est déjà trop facile de s'apercevoir que les esprits sont préparés.

Et il faut dire cela, monsieur le comte, il faut le dire, parce que cela est vrai ; il faut le dire, parce que l'on ne ferme pas un précipice en le couvrant d'un grand voile ; parce qu'en taisant un danger on ne le fait pas disparaître.

La suspension momentanée du paiement de l'impôt, fondée sur l'absence d'une Chambre ayant légalement le droit de le voter, ne serait pas une circonstance menaçante pour la sécurité du trône, mais elle compromettrait sa dignité de la manière la plus fâcheuse, et, sous ce rapport, elle serait vraiment déplorable. Le retour à la légalité, sans pouvoir être jamais une concession, car il sera toujours un devoir, n'en aurait pas moins l'apparence, puisqu'il serait évidemment forcé. Obligé de rétrograder, d'abandonner subitement tout le terrain qu'il avait envahi, le gouvernement révélerait au public le secret de sa force, en même temps qu'il proclamerait sa propre impuissance à en triompher. Il n'est pas de faute politique qui puisse égaler celle-là. Nous courons à cette faute cependant ; et avec l'administration actuelle, nous ne pouvons dans aucun cas nous y soustraire : elle serait commise encore (moins grave sans doute), alors même que le ministère s'arrêterait à la censure ; et c'est pour cela que j'ai dit que par le fait seul de la censure, le gouvernement, mal conseillé, était entré dans la voie des concessions. Il n'est pas donné au ministère actuel de l'en faire sortir ; car s'il ne va pas plus loin que cette mauvaise mesure, ne pensez pas, noble pair, que le public en tire la conclusion que les ministres n'avaient pas d'autres desseins : non, le coup est porté ; il y a une impression, et je m'aperçois qu'elle est générale. Le public dirait : *Les ministres n'ont pas osé.* Dans ce cas, comme dans beaucoup d'autres, je serais volontiers de l'avis du public ; mais bien plus encore s'il ajoutait : *Le roi n'a pas voulu.*

Que si la partie influente du ministère s'enveloppant des ténèbres de la *raison d'Etat,* faisait une cruelle surprise à la sagesse du monarque ; si elle l'entraînait dans des mesures contraires à nos institutions ; alors, il faut bien le dire, le pouvoir royal recevrait un notable échec. Il donnerait une seconde fois à la France le spectacle qui lui fut donné, il y a déjà treize ans, lorsque la maison de Bourbon menacée par le débarquement de Buonaparte, se crut obligée de consacrer par de nouveaux sermens la loi fondamentale dont son auguste chef avait doté la France. Alors encore il faudrait exhumer la Charte, proclamer sa vertu, invoquer son autorité tutélaire. Signe de paix, il faudrait l'offrir aux regards des hommes : comme chez certains peuples de l'antiquité, aux jours des grandes calamités, l'on faisait sortir des temples et promener sur la place publique les images des dieux protecteurs du pays.

Et qu'on ne croie pas que j'exagère les choses, que je prends plaisir à présenter la situation de la monarchie sous un aspect sombre. Non, je n'exagère pas, je ne prends pas plaisir à des vérités qui m'attristent : mais je puis dire peut-être qu'une étude constante des formes et des moyens de gouvernement me permet de voir plus nettement que ne le verrait le grand nombre, les dangers du système que le ministère essaie actuellement d'une manière qui est à la fois timide et violente.

Jusqu'à présent, monsieur le comte, je ne vous ai pas parlé de l'exécution de la censure. Je vous en dirai peu de chose. Ce sujet a été supérieurement traité par votre noble collègue. Une foule d'écrits sont venus éclairer d'un beau jour ces ateliers où la pensée publique est travaillée par des hommes qui probablement ne pensent pas, et, je veux le croire, ne savent pas ce qu'ils font. Ainsi donc tout est connu, tout est dévoilé (1).

---

(1) Indépendamment des écrits de M. de Chateaubriand, il faut lire ceux qu'ont publié MM. de Salvandy,

Et puis, vous le dirai - je, je ne me plains pas de la censure; je la trouve bien, très-bien comme elle est. Une institution ne doit jamais mentir; bonne ou mauvaise, il faut qu'elle aille à son but, qu'elle se teigne, par l'exécution, des couleurs qui lui sont propres. *L'arbre porte toujours son fruit,* disait judicieusement M. de Villèle dans le temps que son modeste habit de député (qu'il a quitté plus facilement qu'il ne veut quitter celui de ministre) lui portait bonheur. Je suis, à cet égard, tout à fait de l'avis de M. de Villèle. La censure porte aussi ses fruits : on peut juger de leur saveur, on peut apprécier le mérite et la délicatesse des personnes qui, à divers titres, se sont chargées de les cueillir.

Les récriminations qui s'élèvent à ce sujet de tous les côtés ne sont point raisonnables; je suis même obligé de dire qu'elles portent le cachet d'une simplicité singulière. On voudrait que la censure fût douce, modérée, loyale; qu'elle s'exerçât uniquement dans l'intérêt de la religion et de la monarchie. Mais si la censure avait été conçue dans cet esprit, elle n'aurait pas été proposée au roi par ses ministres. Un quart d'heure

---

Bert, Jay, A. de Jussieu, et *les amis de la liberté de la presse.*

de réflexion eût suffi pour les avertir que la censure étant une mesure incomplète, extra-légale, antipathique à nos mœurs non moins qu'à nos institutions, éminemment impopulaire, et par conséquent impolitique, elle ne pouvait jamais que nuire à la religion et à la monarchie.

On insiste cependant; on fait observer que la censure actuelle est infiniment plus accrbe, qu'elle a, sous d'autres formes, plus de brutalité, un caractère plus odieux qu'aucune des censures qui ont été données et mises à exécution par les administrations précédentes. La comparaison manque de justesse : aucune des administrations précédentes, quelque opinion qu'on en ait d'ailleurs, ne s'est vue dans une situation semblable à celle du ministère actuel. Ces administrations n'avaient en présence que des partis politiques; le ministère actuel a devant soi la raison et la conscience de la France. Il est aux prises avec le caractère national, auquel il n'a jamais rien compris, qu'il a blessé dans les endroits les plus sensibles, dont il a irrité toutes les susceptibilités.

Les personnes qui sentent bien que le ministère actuel est hors de ligne, essaient au moins de le comparer à lui-même. Sa censure, disent-elles, diffère prodigieusement cette année de celle qu'il s'est donnée le 15 août 1824. On y remarque un fond de fausseté, un caractère d'hypocrisie dont les mêmes hommes nous avaient fait grâce jusqu'à présent. Elle a cette fois un luxe d'iniquité, elle se porte à des excès dont on ne soupçonnait pas même la possibilité. Non seulement on censure arbitrairement, comme il est dans la nature d'une pareille loi, mais on refuse la censure, on dénie l'espèce de justice que le législateur avait au moins voulu garantir. On viole ainsi le droit de propriété; on fait dans l'ombre, au mépris de toute forme légale, sans pouvoir même alléguer d'autre raison que celle d'un despotisme éhonté, ce qu'un tribunal ne pourrait faire que par un jugement public, et dans les cas prévus par la loi (1).

____

(1) Quelques personnes ne comprendraient peut-être rien à cet excès d'injustice, qui en effet passe toute croyance; voici le fait. La loi d'abord, dans son esprit, et textuellement l'ordonnance royale qui pourvoit à son exécution, veulent que le censeur appose son *visa* au bas du journal, après en avoir ôté ce qui pourrait déplaire à ses maîtres, à ses amis ou à lui-même. Le visa est la garantie du journal; son absence le mettrait en état de contravention, et le ferait infailliblement suspendre ou supprimer par les tribunaux, qui ont déclaré ne pas pouvoir s'immiscer dans l'exercice de la censure, quels qu'en fussent d'ailleurs les abus et les excès, parce que l'exploitation de la censure est

Je conviens, monsieur le comte, que cette différence dans l'exécution de la même mesure deux fois provoquée par les mêmes ministres, est très-sérieuse. Toutefois, il est encore facile de s'en rendre compte. Depuis 1824, le ministère a fait des progrès toujours croissans vers sa décadence; il a atteint le dernier période; et n'ayant plus rien à perdre, il ne ménage plus rien. Il est aujourd'hui beaucoup plus bas qu'il n'était il y a trois ans. A cette époque, il se tenait encore presque au niveau du sol : il s'est enfoncé depuis; et, pour moi, je déclare qu'à la fin de la

---

exclusivement du ressort de l'administration. Eh bien, les censeurs, et derrière eux le comité de surveillance de censure, sans s'inquiéter de la loi ni des ordonnances, refusent le visa à un journal qui la veille aura laissé *en blanc*, selon l'usage et selon son droit, tout ou partie d'un article censuré! Il faut donc, sous peine d'être suspendus, par conséquent ruinés, qu'ils se soumettent à l'injonction qui leur a été faite (verbalement, bien entendu) de ne pas laisser une ligne en blanc dans leur feuille. Ils sont tous actuellement sous le coup de cette menace, et deux déjà en ont éprouvé les effets.

Mais quel est le but de cette indigne violence? Le but, le voici : On espère faire des dupes, on croit pouvoir persuader au public des départemens que les journaux de Paris *acceptent* la censure, et ne la *subissent* pas. Cela est de toute fausseté. Mais quand cela serait vrai, pauvres ministres, ne voyez-vous pas que la question n'est point là?

dernière session, je ne lui voyais plus la tête.

Mais voici bien un autre grief! Toutes les personnes qui ont le bonheur de voir de près cette dernière censure, disent qu'elle est sotte; qu'elle l'est même prodigieusement. Remarque naïve! Eh! cher comte, en l'an de grâce 1827, est-ce que des gens d'esprit auraient voulu se charger de la censure? Pour trouver actuellement des hommes disposés à remplir une telle mission, il faut chercher parmi des malheureux, pour qui le besoin de vivre est une sorte d'excuse que l'humanité doit faire accueillir; parmi des imbécilles qui s'imaginent servir un roi de France en faisant de la censure, ou bien encore parmi ces hommes heureusement rares, qui nous offrent le spectacle attristant d'une notabilité tombée en enfance.

Je me reproche, monsieur le comte, de m'être arrêté quelques instans à ces misères : je ne veux plus ajouter qu'un mot.

La censure est ce qu'il faut qu'elle soit, pour qu'un honnête homme ne puisse plus songer à la défendre. Peut-être cette dernière épreuve était-elle nécessaire. Comme moyen de gouvernement, la censure était jugée : il lui restait à se perdre par son éclatante improbité : elle aura désormais contre elle la raison politique, et l'imposante réprobation de la morale publique. Tout le monde

restera convaincu que la censure étant en elle-
même une mesure violente, elle ne peut être
exercée que violemment, en dehors de toute justice, par des ministres qui toujours pensent à elle
en désespoir de cause, la montrent en signe de
détresse, et comme pour donner aux moins clair-
voyans le pressentiment de leur fin prochaine.

La censure actuelle, ne fût-elle suivie d'aucune autre violence, n'aura fait qu'empirer la
situation générale des choses. Elle annonce, elle
prépare une des sessions les plus orageuses que
l'on ait vues depuis la restauration (1). Des questions vitales y seront agitées; vous y verrez débattre
les plus grands intérêts de la couronne et du pays.

Dans les deux Chambres, ils trouveront de
courageux défenseurs. Ils en trouveront dans cette
opposition royaliste qui a grandi depuis quelques
années, parce qu'elle a hautement proclamé l'*al-*

____

(1) En admettant que la session s'ouvrira avec la même
Chambre et les mêmes ministres. C'est mon opinion personnelle : la dissolution n'aurait lieu que dans le cas où le
ministère croirait être certain de trouver dans la loi sur le
jury tout le contraire de ce que la Chambre des pairs a
voulu y mettre. M. de Villèle sait positivement que de véritables élections le perdraient. Que les électeurs y songent
donc sérieusement : le 30 septembre est le terme fatal, et
il approche.

liance du trône et des libertés publiques; parce qu'elle a marché d'un pas également ferme à la défense des principes de la monarchie, et à celle des intérêts généraux de la société.

Vous avez applaudi aux efforts d'une minorité trop faible en nombre sans doute, mais forte de tout ce que peuvent donner l'estime et la confiance publiques. Les noms de MM. de la Bourdonnaye, de Lezardière, de Beaumont, de Berthier, Hyde de Neuville, de Preissac, de Bouville, Sanlot, de Cambon, Leclerc de Beaulieu, Royer-Collard, A. de Noailles, Bacot de Romans, Gautier, de Leyval, ces noms honorables et d'autres que j'omets involontairement, sont présens à votre mémoire comme à celle de tous les Français, qui franchement, sans arrière-pensée, veulent le roi et la Charte, les Bourbons, et la liberté légale que seuls ils nous ont fait connaître.

Mais cette opposition généreuse vient de conquérir un puissant auxiliaire; M. de Lalot rentre dans son sein. Frappé d'ostracisme par des hommes devant qui il a eu le malheur (et beaucoup d'autres avec lui) d'aplanir le chemin du pouvoir, il va paraître de nouveau dans une Chambre où sa voix est connue, où ses talens et son caractère sont justement appréciés. Redoutable adversaire qui se présente armé d'une conscience au fond de laquelle il trouve le secret et les moyens de son éloquence. Etroitement uni à son illustre ami (M. de la Bourdonnaye, dont la conduite ferme et sage triomphe enfin des vaines préventions à dessein élevées contre lui); on doit attendre les plus heureux résultats de cette honorable alliance : honorable, en effet, parce qu'elle est uniquement fondée sur une communauté de sentimens de principes et d'opinions politiques.

Et nous, noble pair; nous préludons à ces luttes que nos institutions autorisent, que l'intérêt de la monarchie réclame, que le devoir commande. Gardons-nous bien de croire que notre opposition puisse offrir des dangers au trône; bien loin de là, elle en est la sauve-garde : conservés par elle, l'honneur et les principes sont restés intacts. La résistance des royalistes ne saurait être hostile, et elle rendrait un assez grand service à la couronne, quand elle n'aurait d'autre effet que celui de prévenir des résistances qui ne seraient pas aussi innocentes.

POST-SCRIPTUM.

La mort de M. Canning est un évènement trop considérable pour que je n'éprouve pas le besoin d'en dire quelques mots. Je me garderai bien de vouloir juger cet homme d'Etat. Il est tombé dans le domaine de l'histoire, et l'histoire, en présence d'une tombe encore ouverte, ne pouvant jamais être impartiale, n'offre d'ordinaire qu'une satire ou un panégyrique qui mentent également. Je veux éviter cet écueil, et avec d'autant plus de raison, que mon caractère me portait à me sentir personnellement blessé du trop fameux discours que M. Canning a prononcé dans la Chambre des communes. Mais point de récriminations, suivons la bonne maxime que vient de rappeler un journal anglais : *De mortuis nil nisi bonum.*

Rendons ainsi à la mémoire de M. Canning la justice qu'elle réclame. Convenons qu'il possédait des parties éminentes de l'homme d'Etat, et notamment le courage politique, qualité rare qui fait faire les grandes choses, souvent aussi conduit à des fautes, mais en donnant presque toujours les moyens de les réparer. M. Canning avait une éloquence forte, vive et passionnée; il excellait dans l'ironie, talent dangereux dont il est bien difficile de ne pas abuser. La lutte terrible qu'il eut à soutenir contre les forces réunies de l'aristocratie anglaise, la plus vigoureusement constituée de toutes celles de l'Europe, parce qu'elle

possède au plus haut degré les conditions essen-
tielles d'une véritable aristocratie, sans subir, et
l'on sait pourquoi (1), l'impopularité qui partout
ailleurs s'attache à cette institution ; cette lutte
ardente dans laquelle les hommes ne sont que
les représentans de deux systèmes rivaux, quand
ils ne sont pas ennemis, n'a pas peu contribué
à hâter la fin de M. Canning. Je crois que, dans
tous les cas, elle ne pouvait manquer de lui être
funeste. Je crois que, d'une manière ou d'autre,
il devait y être vaincu. Je suis très-disposé à croire
que M. Canning était doué d'un puissant génie,
mais plus forte que lui était la position qu'il avait
créée : tout le monde convient qu'il y a suc-
combé.

Tout le monde aussi paraît être persuadé que
sa mort doit avoir des conséquences graves. On
commence par les exagérer. Assurément ce n'est
pas le meilleur moyen de s'en rendre compte :
elles demandent à être envisagées froidement,
sous deux rapports distincts, mais dont l'étroite
liaison ne peut échapper à personne : *Gouverne-*

---

(1) L'aristocratie anglaise a des racines profondes ; elle
est en contact avec tous les intérêts du pays ; elle a con-
couru à les fonder, les a constamment défendus, protégés
tous, et n'est réellement hostile à l'égard d'aucun.

ment intérieur de la Grande-Bretagne, politique européenne. Pressé par le temps, je ne puis et ne veux qu'effleurer ces deux hautes questions du moment.

La première est sur le point de recevoir l'espèce de solution qu'elle comporte immédiatement, je veux dire une solution provisoire. Si, comme il est très-probable, lord Goderich (M. Robinson) est appelé à former un cabinet, le système de M. Canning sera continué, en admettant, d'une part, qu'un système politique puisse réellement être continué, et, de l'autre, que M. Canning laisse après soi un système arrêté, complet, circonstance dont je demande la permission de douter. Lord Goderich n'est point un chef de parti ; représentant seulement l'ombre de M. Canning, il ne saurait tenir le pouvoir que, par *interim.* Ajournée à la prochaine réunion du parlement, peut-être même à un terme moins éloigné, la lutte continuera jusqu'à ce qu'il en sorte un résultat décisif, c'est-à-dire la formation d'un ministère appartenant franchement à l'un des deux partis. Le marquis de Lansdown est réputé le chef des wighs : s'il n'obtient pas la première place du conseil, cela sera d'un mauvais augure pour le parti ; car ce n'est pas montrer des dispositions favorables à un parti que d'en écarter le représentant avoué.

On doit être persuadé que les membres marquans de l'ancien ministère n'entreront par en arrangement avec le vicomte Goderich : placés en tête du parti tory, ils ont pris une position très-forte, et la garderont : ils attendront. Il y a de grandes chances de succès pour ce parti; peut-être me trompé-je, mais je vois dans M. Peel l'homme d'Etat appelé à occuper le poste que laisse vacant M. Canning. Il arrivera là conduit par la belle réputation dont il est en possession, et poussé par une force de choses qui ne se laisse pas facilement maîtriser.

Au surplus, sans attacher à ces combinaisons plus d'importance qu'il ne convient à un Français, je les indique, parce qu'elles me paraissent avoir un caractère suffisant de probabilité, et voici sur quoi je me fonde.

M. Canning a imprimé aux affaires de l'Angleterre un mouvement trop prononcé pour qu'il ne lui survive point, mais pas assez puissant pour se prolonger et produire un système fixe de gouvernement. Dans cette situation, le ministère de lord Goderich aura pour effet de donner au mouvement imprimé par M. Canning, la suite qu'il doit avoir, et servira de transition pour faire passer l'Angleterre, sans secousse violente, d'un certain ordre de choses à un ordre différent.

Quant à *la politique européenne,* la mort de M. Canning n'en changera pas la face : elle n'aura pas à beaucoup près, de ce côté, des conséquences aussi étendues qu'on l'imagine. M. Canning a menacé l'Europe, mais il ne l'a pas touchée; et je crois encore que là, comme dans son propre pays, se rencontraient des difficultés contre lesquelles il devait échouer.

Le public chez nous est préoccupé d'une idée qui, à l'inconvénient de manquer de justesse, joint celui de n'être pas assez française. On attribue à l'Angleterre une puissance exagérée, hors de toute proportion avec ses moyens d'exécution. On voit en elle la source de toute grandeur politique, et la France s'efface aux yeux de ses propres enfans. On s'abdique ainsi soi-même; on oublie ce que l'on doit à la dignité de son pays (1).

---

(1) On pousse un peu loin cet étrange oubli; on va jusqu'à proposer publiquement d'élever un monument à la mémoire de M. Canning. L'auteur de cette proposition, reproduite par les journaux libéraux, ignore sans doute que M. Canning devait sa grande popularité en Angleterre, à la haine qu'il portait à la France, et à l'intention qu'on lui supposait, avec raison, de chercher constamment à l'affaiblir, et à l'abaisser même, s'il était possible.

En France, on est d'un parti avant d'être de son pays;

Cette erreur, sans pouvoir être justifiée, s'explique jusqu'à un certain point par la faiblesse actuelle de notre cabinet. Mais cette cause est passagère, elle est personnelle, elle tient à l'existence politique d'un homme qui ne sait ni la France, ni l'Europe, ni l'Angleterre (1). Cependant les meilleurs ministres disparaissent. Pense-t-on que les pires doivent être éternels? Ne voit-on

en Angleterre, on est du pays avant tout, par dessus tout, et je crois que c'est comme cela qu'il faut être.

(1) M. de Villèle n'a point de système, et l'on sait qu'il se fait honneur de n'en point avoir. Il s'accroche tantôt à une puissance, tantôt à une autre. Il est toujours derrière quelqu'un. L'Europe se moque de cette façon d'aller, lui s'en applaudit, et ses journaux le louent à ce sujet avec une curieuse naïveté. La France, *dans ces derniers temps surtout*, dit la *Gazette* du 12 août, a retrouvé une politique française...... La France marche seule, puisqu'elle marche avec tout le monde. Et plus loin : *Les résultats sont là*, et l'histoire diplomatique de la France, *depuis quelques années*, réfute éloquemment les accusations déclamatoires de ses faux amis, plus dangereux souvent pour elle que ses véritables ennemis.

Et ces sanglantes contre-vérités s'écrivent dans le cabinet de M. de Villèle! ces extravagantes apologies se font sous ses yeux! On dit même que le service de ces feuilles lui coûte énormément d'argent. M. Decazes a employé les mêmes ouvriers, mais il ne les payait pas si cher.

pas que c'est M. de Villèle qui a fait la fortune de M. Canning ? A l'issue du congrès de Vérone, la France se trouvait à la tête de l'Europe ; l'épée du dauphin l'avait affermie dans cette position élevée : elle en est descendue, il est trop vrai ! Mais qui l'en a fait descendre ? qu'on se reporte donc à 1823 : on trouvera dans ces souvenirs de l'honneur, de la gloire et des consolations. M. de Villèle ne voulait pas cette guerre, il ne la comprenait pas : M. Canning ne la voulait pas non plus, il la comprenait trop bien. Les deux ministres étaient d'accord : la guerre s'est faite cependant malgré eux. L'inaction, d'ailleurs sage et prudente de M. Canning, n'était assurément pas propre à accroître sa renommée ; elle était bien contraire à son caractère. Il resta au repos, toutefois, et vit avec résignation nos drapeaux, jusqu'alors trop bien conservés, franchir les Pyrénées, et couvrir l'Espagne. Savait-il que son allié lui réservait des dédommagemens, et lui offrirait bientôt l'occasion de prendre une belle revanche ? Mais revenons à l'Europe, qui va, dit-on, se trouver dérangée par la mort du ministre anglais.

M. Canning laisse après soi deux grandes affaires pendantes : celle de la Grèce et celle du Portugal. Voyons dans quel état elles se trouvent, et, surtout, si c'est M. Canning qui les a faites ce qu'elles sont au moment même où il descend dans la tombe.

'Telle qu'elle vient d'être posée par trois puissances, la question grecque n'a point de solution raisonnable ; je dirai plus, elle n'en a point de possible. C'est une manœuvre diplomatique dans laquelle je ne saurais voir autre chose qu'un trompeur, un trompé et un complaisant, et je ne crois pas qu'il soit besoin de mettre les noms au bas des personnages. Les principes du droit public, la saine politique, les droits d'un peuple que son courage et ses malheurs devaient faire respecter, me semblent avoir été également méconnus. Si la science des traités en est là aujourd'hui, on peut dire qu'elle est restée en arrière des progrès que toutes les autres ont faits depuis trente ans. Mais je me trompe, ce traité présente dans sa contexture un véritable perfectionnement ; il porte bien le cachet de l'époque. Au fond, l'on ne veut pas sauver la Grèce, mais on veut avoir l'air de s'associer à une cause que les peuples ont embrassée : ce n'est qu'un faux semblant d'humanité. Cependant, si la politique joue avec la pitié, au moins ne devrait-elle mettre au jeu que ce qui est à elle. L'Europe n'a pas le droit de disposer de la Grèce, elle s'appartient ; elle a acheté chèrement l'honneur d'avoir un drapeau; elle l'a payé du pur sang de ses enfans, versé en cent endroits pour la défense de sa religion, de ses foyers, de sa liberté : elle recouvrera ce caractère de nationalité que ne perdent jamais les peuples lorsqu'ils sont *subjugués*, et non *réunis* au vainqueur. La Grèce périra, ou elle sera libre; et l'Europe aura la honte de n'avoir su prendre dans cette cause solennelle, ni une résolution généreuse ni un parti politique.

S'il ne s'agissait pas des droits et de la vie d'un peuple, on pourrait s'arrêter à faire voir dans ce fameux traité un côté passablement ridicule. Dans la crainte d'avoir à se faire la guerre entre elles, et de rencontrer l'Autriche et la Prusse sur le champ de bataille, les trois hautes puissances ne veulent pas faire la guerre à la Porte. Cette disposition négative est la vraie base du traité; au fond, il ne contient pas autre chose. Cependant, on stipule que des armemens maritimes s'interposeront entre les parties belligérantes, dans le but d'empêcher les hostilités. Pour juger ici le traité, il faut le mettre par la pensée en voie d'exécution. La Porte fait sortir une flotte à destination de la Grèce; les escadres des puissances *médiatrices* se présentent pour lui fermer le passage. Le Turc, avec le bon sens qui lui est propre, ne manquera pas de faire cette question bien simple : *Êtes - vous amis ou en-nemis?* A cela il faudra répondre ; il faudra laisser passer, ou bien arriver sur le champ à l'intervention des coups de canon ; et trois grandes puissances se placent ainsi dans l'alternative de reculer devant le bon sens d'un *barbare,* ou de donner ouverture à une guerre qu'elles déclarent vouloir éviter à tout prix.

Il ne faudrait pas essayer de répondre à cela que le traité renfermant en soi toutes les conditions d'une *médiation armée,* les puissances contractantes doivent être disposées à en accepter les conséquences. Il n'en est pas ainsi. Les puissances n'ont pas entendu aller jusqu'à la *médiation armée :* mais comme les choses vont là d'elles-mêmes, il faut bien dire que ces cabinets n'ont pas su ce qu'ils voulaient, ou, si vous aimez mieux, qu'ils ne voulaient rien (1).

L'on ne doit pas croire non plus, parce que les forces européennes seront infiniment supérieures à celles des Turcs, que ces derniers se verront obligés de fléchir. Les Turcs ne fléchiront pas ; ils seront soutenus par leur fanatisme, par la

---

(1) Lisez ce traité avec attention, vous verrez qu'il ne contient pas une seule disposition à côté de laquelle ne se trouve placé un conditionnel qui la rend illusoire.

raison politique, qui réellement est de leur côté, et en même temps par l'idée que l'Autriche, déjà dans leurs conseils, entrera dans leur camp.

Aussi suis-je assez disposé à soupçonner que les amiraux des puissances recevront séparément de leur gouvernement respectif, des instructions secrètes ayant pour objet d'éviter une collision qui pourrait compromettre gravement l'honneur des pavillons, celui de la diplomatie, et menacer la tranquillité de l'Europe.

Résumons tout ceci. Le traité conclu sous les auspices de M. Canning ne s'exécutera pas, parce qu'il n'est pas exécutable, et que très-probablement il n'a pas été fait pour être sérieusement exécuté. Le ministre anglais, en le proposant, avait deux objets en vue : il voulait amuser la Russie, et augmenter sa popularité en Angleterre. Quant au traité, il y tenait si peu, qu'il en a fait publier par ses journaux les dispositions secrètes.

L'affaire du Portugal est encore plus simple ; elle se présente d'une manière plus nette que celle de la Grèce. Un mot suffit pour l'expliquer : sa solution est forcée ; elle l'était du vivant de M. Canning ; et c'est une circonstance qu'il faut noter, afin que plus tard on ne vienne pas dire : *Telle chose arrive : c'est l'effet de la mort de M. Canning.*

Il serait même possible que la conclusion de cette affaire fût plutôt différée que hâtée par la mort du ministre anglais. Cet homme d'Etat avait le mérite de savoir prendre parti. Depuis quelque temps il s'accoutumait à l'idée de voir don Miguel rentrer en Portugal, et nécessairement les troupes anglaises en sortir; car les deux mouvemens doivent s'opérer simultanément; et le cabinet anglais, avec ou sans M. Canning, se gardera bien de laisser six mille soldats anglais en Portugal, le jour où le prince y mettra les pieds. Je crois pouvoir me dispenser d'en dire la raison (1).

Entraîné, enhardi par la faiblesse de notre cabinet, M. Canning s'est porté en Portugal à un coup d'éclat. Il y a gagné, il est vrai, un surcroît de popularité; mais il n'en aura pas moins fait une faute aux yeux des hommes politiques : car c'est toujours une faute d'entreprendre de telles

---

(1) L'infant don Miguel sera introduit en Portugal par les cabinets, sous le titre de *régent*. Mais c'est une précaution diplomatique qui ne trompera personne : toute l'Europe sait d'avance que c'est un roi et non pas un régent qui entrera en Portugal. Quant au voyage de don Pédro en Europe, c'est une histoire bonne à amuser des enfans; s'il faisait cette folie, je n'ose pas dire dans quelle position ce prince courrait risque de se trouver bientôt.

choses sans avoir des chances raisonnables de les mener à bien. L'occupation du Portugal par une armée de six à sept mille hommes était une mesure insuffisante, incomplète, par conséquent mauvaise. Dans tous les cas, elle aura contre elle les faits accomplis; et cette affaire commencée par M. Canning, se terminera, comme il l'avait déjà lui-même entrevu, par l'intervention la plus haute que l'on connaisse en politique, celle de la nécessité.

En définitive, mais sans penser pour cela que la mort d'un grand ministre anglais soit un évènement vulgaire, je dirai que celle de M. Canning n'apportera point de notables changemens à la marche des grandes affaires qui occupent actuellement l'Europe. Elles ont pris leur cours; et comme elles l'ont pris, au moins à certains égards, indépendamment de M. Canning, elles le suivront sans lui. La situation où se trouve l'Europe est plus forte que les morts et les vivans, une tombe de plus ou de moins n'y fera pas grand' chose, et le monde politique n'en restera pas moins en présence des difficultés graves qui, depuis quelques années, se sont amassées.

FIN.

BIBLIOTHÈQUE ROYALE

www.ingramcontent.com/pod-product-compliance
Lightning Source LLC
Chambersburg PA
CBHW051244030726
47595CB00003B/1086